AF460464

INSTRUCTION

SUR

LE SERVICE JOURNALIER

DE LA

GENDARMERIE ROYALE DE PARIS.

PARIS.

DE L'IMPRIMERIE DE LEFEBVRE,

IMPRIMEUR DE LA GENDARMERIE ROYALE,

RUE DE BOURBON, N°. 11.

1826.

INSTRUCTION

SUR

LE SERVICE JOURNALIER

DE LA

GENDARMERIE ROYALE DE PARIS.

La Gendarmerie royale de Paris, comme celle des départemens, fait partie intégrante de l'armée (1), ses fonctions sont les mêmes; mais, en raison de sa spécialité pour la ville de Paris et de son service particulier, elle a des devoirs à remplir qui n'ont pu être tracés dans l'ordonnance qui régit la Gendarmerie. Cependant, il est essentiel que les sous-officiers et gendarmes soient bien fixés sur la nature de leur service, leurs attributions, et sur la manière de remplir,

---

(1) Art. 2 et 4 de l'ordonnance du roi du 29 octobre 1820.

sans abuser de leur pouvoir, les fonctions qui leur sont confiées; ils doivent donc souvent consulter leurs instructions et ne jamais s'en écarter.

FONCTIONS HABITUELLES DE LA GENDARMERIE.

1°. Les sous-officiers et gendarmes étant toujours de service lorsqu'ils sont revêtus de leur uniforme (1), ils doivent toujours obtempérer aux réquisitions qui leur sont faites par écrit de prêter main-forte, lorsque ces réquisitions viennent d'autorités reconnues en avoir le droit.

Lors de flagrant délit, de clameur publique, ou lorsqu'un chef de maison demande leur appui, ils peuvent et doivent même agir, sans attendre de réquisitions ou ordres supérieurs; enfin, ils doivent assistance à tout individu dont la sûreté ou la fortune serait compromise par un événement quelconque.

Il y a flagrant délit, lorsque le crime ou

---

(1) Art. 251 de la même ordonnance.

le délit se commet *actuellement,* ou vient de se commettre ; que la clameur publique indique le coupable ; ou encore, lorsque, dans un temps voisin du crime ou du délit, le prévenu est trouvé saisi d'armes, de papiers ou autres objets faisant présumer qu'il est *auteur ou complice.*

Si les sous-officiers et gendarmes ne sont pas présens lors du flagrant délit, ils doivent prendre connaissance, sur les avis qui leur sont donnés, des circonstances du crime ou du délit qui a pu avoir lieu précédemment ; faire des recherches qui puissent les mettre à même de rédiger un rapport qui, envoyé à l'autorité, peut l'éclairer et faire découvrir les coupables.

2°. Les contraventions aux ordonnances de police doivent également être constatées par les sous-officiers et gendarmes revêtus de leur uniforme ; ils doivent en rédiger procès-verbal, pour être remis à qui de droit, et ne pas oublier qu'ils sont toujours sensés de service, lorsqu'il s'agit du maintien de l'ordre public.

3°. Les autorités et autres qui peuvent,

à Paris, requérir plus particulièrement la Gendarmerie, sont,

Après les autorités judiciaires,

Les commissaires de police,

Les officiers de paix,

Les agens de la police civile et militaire,

Les inspecteurs généraux et particuliers des marchés et de la navigation.

Les commissaires de police et officiers de paix ont, pour marque distinctive, une écharpe; les premiers, de taffetas bleu de ciel, en ceinture; et les seconds, de taffetas blanc avec fleurs-de-lis d'or, en sautoir.

Les autres agens, soit civils, soit militaires, sont porteurs de cartes, dont les modèles sont affichés dans tous les postes.

Toute autorité qui requiert, doit toujours le faire par écrit; cependant, si l'objet pour lequel on requiert exigeait une exécution instantanée, sur le vu des écharpes ou des cartes, on pourrait prêter main-forte; mais on doit exiger, immédiatement après, le réquisitoire.

DES DÉLITS.

Les individus qui commettent les délits suivans, doivent être arrêtés et conduits devant l'autorité compétente :

1°. Ceux qui profèrent des propos outrageans contre la religion, le Roi ou la Famille Royale, ou qui tiennent des propos séditieux qui peuvent troubler l'ordre public;

2°. Ceux qui insultent à la morale publique, soit par des propos, soit par des gestes indécens;

3°. Ceux qui occasionnent ou peuvent occasionner des rassemblemens dans les rues, en se battant;

4°. Ceux qui tiennent et font jouer à des jeux de hasard;

(Les jeux doivent être saisis et envoyés avec les coupables à l'autorité.)

5°. Ceux qui, par imprudence ou négligence, auraient blessé quelqu'un, ou causé quelque dégât.

Il y a encore quelques délits que l'expérience et l'habitude indiquent assez, pour qu'il soit inutile de les rappeler ici.

Les coalitions d'ouvriers et les rassemblemens qui tendraient à troubler l'ordre public, doivent être dissipés de suite et les moteurs arrêtés; mais la Gendarmerie doit le faire avec mesure et discernement, employer d'abord la persuasion, et surtout, avant d'agir, être sûre qu'elle est en force suffisante, afin de ne pas compromettre l'arme et l'autorité qui lui est dévolue; en cas de force reconnue insuffisante, y suppléer par l'adresse, en allant chercher des renforts aux postes les plus voisins.

DES CONTRAVENTIONS.

Les principales contraventions que doit constater la Gendarmerie sont,

1°. Les embarras causés par des démolitions ou autres objets entravant la voie publique; la négligence d'éclairer la nuit ces démolitions, ou tout ce qu'on a la permission d'y laisser ou déposer momentanément;

2°. Les voitures, cabriolets, charrettes et chevaux abandonnés par leurs conducteurs;

3°. Les bouchers allant au trot dans leurs charrettes;

4°. Les charretiers montés sur leurs chevaux;

5°. Ceux qui ne cèdent pas la moitié du pavé et ceux qui ne se tiennent pas à portée de leurs chevaux;

6°. Les conducteurs de bêtes de somme qui en sont éloignés;

7°. Les cabriolets dont les lanternes ne sont pas allumées aux heures fixées par la police, et ceux qui ne sont pas numérotés;

8°. Les cochers de fiacre qui auraient quelqu'un monté la nuit, sur leur siége, avec eux, ou derrière leur voiture;

9°. Les diligences allant au trot sur les ponts et au détour des rues, et plus vîte que le petit trot dans les rues, ou ayant sur l'impériale plus de personnes qu'il n'est permis (1);

10°. Les cafés et marchands de vin qui

---

(1) S'en référer aux ordres du jour des 21 août 1824 et 9 octobre 1825.

sont ouverts le soir après onze heures, et donnent à boire et à jouer;

11°. Les portes d'allées ouvertes à la nuit close;

12°. Les fusées ou pétards tirés dant les rues ou par les fenêtres;

13°. Tout individu âgé de moins de 18 ans qui conduit une voiture quelconque, ou charrette dans les rues de Paris;

14°. Tout déménagement fait la nuit; (*Voir l'art. Patrouilles.*)

15°. Les individus qui font le métier de deviner ou pronostiquer, ou enfin d'expliquer les songes.

Il existe encore quelques autres contraventions que les différentes ordonnances et ordres du jour ont indiquées, et que la Gendarmerie distinguera facilement par leur analogie avec celles qui viennent d'être expliquées; mais elles doivent être toutes constatées avec discernement et sans passion, car, plus les attributions de la Gendarmerie sont étendues et lui donnent d'autorité, plus elle doit en user avec calme, aplomb et modération, évitant avec soin les actes qui pourraient faire présumer tout autre motif que le maintien du bon ordre, qui lui est spécialement confié.

ARRESTATIONS.

Les arrestations doivent toujours être faites, autant que possible, avec mesure, douceur et honnêteté; on ne doit ni frapper, ni injurier les individus arrêtés, mais il faut s'en assurer par tous les moyens qui sont mis à la disposition de la Gendarmerie et autorisés par la loi.

Tout individu non militaire arrêté, doit être conduit de suite devant le commissaire du quartier, ou déposé dans le violon du poste le plus voisin du lieu où l'arrestation a été opérée, s'il arrivait que ce magistrat ne se trouvât pas chez lui, ou que le service spécial dont les sous-officiers et gendarmes seraient chargés ne leur permît pas de se détourner et de s'absenter tout le temps nécessaire pour se rendre chez le commissaire de police.

Cependant, il arrive quelquefois que l'on arrête des individus pour cause d'ivrognerie, qui, n'ayant commis aucun des délits dans le cas de les faire traduire devant une autorité, peuvent être mis en liberté, lorsqu'ils sont dégrisés et qu'on n'a plus lieu de craindre qu'ils commettent quelque scandale, ou qu'ils soient exposés à éprouver des accidens. Mais encore faut-il qu'ils aient des papiers en règle, ou qu'ils soient réclamés par des personnes qui puissent inspirer de la confiance.

Souvent aussi, après l'arrestation d'un individu, son dépôt au violon est nécessaire, afin qu'avant de le conduire devant l'autorité, la Gendarmerie puisse faire les recherches et rédiger les rapports qui sont utiles pour éclairer les magistrats.

Les individus arrêtés pour vols ou autres crimes et délits, ne doivent communiquer avec qui que ce soit avant d'avoir été entendus par le commissaire de police : on doit y veiller très-particulièrement dans les postes.

SERVICE DES POSTES.

Le service de la Gendarmerie dans les

postes n'est pas uniquement un service militaire de place, dans quelque position qu'elle se trouve ; là, comme partout ailleurs, elle doit y apporter l'intelligence et le zèle qui font reconnaître et doivent toujours faire distinguer la Gendarmerie de toute autre troupe, ne s'écartant jamais de l'aplomb et du calme qui sont le cachet distinctif de l'arme. Les habitans de Paris, habitués à apprécier le service des gendarmes, s'adressent plus particulièrement dans les postes occupés par eux, parce qu'ils sont assurés d'y trouver plus de force, et surtout une plus grande facilité à faire comprendre et à expliquer leurs griefs, sachant que si leurs intérêts sont lésés, les sous-officiers et gendarmes, habitués à entendre tous les genres de discussion, sont plus propres à donner à une plainte la direction convenable.

Cette confiance de la population de Paris, qui fait l'éloge de la Gendarmerie, doit l'engager à donner tous ses soins au service qui lui est confié dans les postes, mettant la plus grande attention à ne pas affaiblir, par un zèle mal entendu, par négligence ou défaut d'activité, la considération que ce corps s'est acquise, les anciens devant, en l'absence des sous-officiers, guider les nouveaux par leur expérience.

Les chefs de poste doivent seuls recevoir les plaintes, les réquisitoires, et faire les interrogations; enfin, c'est à eux seuls qu'appartient le droit d'ordonner le service et d'en diriger l'exécution.

Les chefs de poste, avant de recevoir et de déposer dans les violons, les individus qui leur sont amenés par les agens des autorités civiles et militaires, doivent en exiger un réquisitoire, car ils ne peuvent conserver en dépôt qui que ce soit, sans avoir une pièce qui puisse prouver que les arrestations ont été faites par des autorités qui avaient le droit de les opérer, et que, par conséquent, ils ont dû recevoir, à titre de dépôt, les individus qui ont été conduits à leur poste.

Ils ne doivent pas, non plus, négliger de faire fouiller les individus arrêtés, avant de les mettre au violon, et leur ôter les armes, outils, ou enfin les autres objets dont ils pourraient se servir pour se suicider, ou tenter de se s'évader.

Outre les rapports des événemens qui doivent être inscrits sur les feuilles de service, les commandans de poste doivent encore rendre un compte particulier au colonel des événemens extraordinaires qui nécessiteraient des détails plus circonstanciés et dont il doit toujours être instruit.

Souvent la qualité des individus arrêtés, les motifs graves de leur arrestation, les propos qu'ils ont pu tenir pendant le temps qu'ils ont passé dans le corps-de-garde ou au violon, doivent être l'objet d'un rapport particulier à adresser au colonel avec la plus grande exactitude, afin de le mettre à même de s'en servir selon qu'il le juge nécessaire.

La Gendarmerie doit déférer aux invitations qui lui sont faites par les chefs de famille et d'établissemens publics, lorsqu'ils réclament le secours de la force armée pour rétablir l'ordre dans leur maison ou établissement; mais éviter de s'immiscer le moins possible dans les débats qui ont provoqué sa présence ; elle doit conduire les individus arrêtés, devant le commissaire de police du quartier et inviter le plaignant à s'y rendre également, à moins que celui-ci ne se départe de la plainte et qu'il ne s'agisse d'aucun délit, les gendarmes ne pouvant être juges, et devant, en pareil cas, toujours déférer à l'autorité compétente. *(Voir l'ordre du jour du 8 décembre 1825 pour les individus arrêtés, et qui, ayant insulté les militaires du corps, seraient mis en liberté par les commissaires de police.)*

Les militaires de tout grade doivent être conduits à l'état-major de la place, même ceux qui, vêtus en bourgeois, se déclareraient militaires.

Aussitôt qu'un poste a connaissance d'un incendie dans ses environs, le chef doit, de suite, y envoyer un détachement proportionné à sa force pour le maintien de l'ordre ; et, aussitôt qu'il a reçu les premiers détails sur le lieu et les progrès du feu, si l'incendie continue, il doit en prévenir l'état-major de la place, ainsi que le chef du poste de la préfecture de police, qui prévient le colonel.

Il doit aussi, s'il est à portée, et s'il a des hommes dont il puisse disposer sans nuire au service et se dégarnir entièrement, faire prévenir le poste des sapeurs-pompiers le plus voisin, et le commissaire de police du quartier.

Dès que le factionnaire aperçoit une troupe armée qui doit passer devant son poste, il doit aussitôt crier : *aux armes !* et le chef du poste doit faire sortir la garde et la mettre en bataille.

Lorsque le Roi ou la Famille royale passe devant un poste, le chef qui y commande doit mettre, sur l'avertissement du factionnaire, la plus grande célérité à faire sortir la troupe et à la mettre sous les armes ; le tambour bat aux champs.

Le chef d'un poste ne doit ni ne peut dégarnir son poste, de manière à ce qu'il ne reste moins d'hommes que la moitié de la garde, la consigne générale le prescrivant ainsi. Cependant, si un service urgent le forçait à détacher de son poste quelques hommes de plus, il devrait le faire avec discernement et de manière à ce qu'il ne soit jamais entièrement dégarni.

Il est defendu au chef de poste de jouer ou laisser jouer quelque jeu que ce soit dans son poste. (*Article 34 du réglement de 1768.*)

Les brigadiers de pose veilleront, avec la plus scrupuleuse exactitude, à ce que les fenêtres des guérites ne soient pas fermées. (*Article 52 du réglement de 1768.*)

Les rondes et patrouilles de nuit doivent être reconnues avec célérité; le chef du poste doit donc veiller à ce que deux gendarmes soient toujours prêts à sortir avec le brigadier : les gendarmes désignés ne doivent pas être couchés; ils sont relevés de ce service par ordre de contrôle.

SERVICE DES SPECTACLES.

La garde des spectacles est toujours sous le commandement exclusif de l'officier ou du sous-officier de service.

Dans les théâtres où il y a un officier, c'est toujours à lui que doivent être adressées les réquisitions faites par les autorités civiles ou militaires.

Dans les théâtres où il n'y a que des sous-officiers, ceux-ci ne doivent pas oublier qu'ils sont seuls responsables des fautes de leurs subordonnés et qu'ils doivent un rapport au colonel des événemens extraordinaires qui y surviendraient, bien qu'ils sachent que le colonel en serait instruit par une autorité militaire qui leur est supérieure en grade.

S'il était demandé aux chefs de poste, soit officiers, soit sous-officiers, des gendarmes pour être placés en faction ou en vedette, en plus grand nombre que ceux désignés par les consignes qui existent dans les théâtres, ils pourraient et devraient même faire les observations qu'ils jugeraient utiles sur la nécessité de ce surcroît de service, et, tout en obtempérant à ces réquisitions, ils en feraient leur rapport au colonel, et lui rendraient compte des motifs qui les ont déterminés à obtempérer aux demandes qui leur ont été faites.

On ne peut trop recommander aux chefs

de poste de mettre, avec les autorités, le liant qui convient pour ce genre de service et qui ne peut que tourner au profit du maintien du bon ordre. MM. les adjudans de ville sont, par leurs attributions, spécialement chargés et responsables de l'exécution des consignes.

Les demandes de gendarmes et l'adhésion du chef du poste ne doivent être relatives qu'au service du théâtre, les gendarmes ne pouvant être éloignés de leur poste pour un service qui y serait étranger.

En conséquence, un gendarme ne peut être envoyé en ordonnance nulle part, par qui que ce soit, ni en vertu d'aucun réquisitoire, à moins que le chef du poste ne juge devoir instruire le colonel de suite, d'un fait qui lui paraîtrait avoir de l'importance, le chef du corps devant connaître, sans délai, tout ce qui intéresse l'ordre public.

On ne peut donc également détacher des gendarmes d'un théâtre pour les envoyer dans un lieu voisin, ou une rue même très-proche, pour rétablir le bon ordre ou pour un feu, la garde d'un théâtre étant spécialement affectée à ce service, où les mêmes accidens peuvent se présenter dans le même moment, lorsqu'une partie de cette garde serait éloignée : le chef de poste qui, cependant, aurait connaissance, comme il vient d'être dit, d'un fait grave aux environs, ou d'un incendie qui pourrait devenir sérieux, devrait en donner avis, par ordonnance, à la caserne du corps la plus voisine du lieu où l'événement arrive et au poste de l'arme le plus voisin, qui doit aussitôt en informer le colonel.

Lors de l'ouverture des bureaux, les sous-officiers et gendarmes doivent veiller à ce que les files soient établies sur deux rangs, et faire prendre la queue à ceux qui voudraient en former un troisième. Mais ils doivent, dans ce service particulièrement, mettre beaucoup de prudence et de circonspection. Lorsqu'ils sont obligés de mettre leur fusil en travers, pour ne laisser passer qu'un certain nombre de personnes à la fois, ils doivent encore faire attention à ne pas séparer un homme donnant le bras à une femme ou à un enfant; il est enfin essentiel que les gendarmes n'oublient pas que le public n'est réuni que pour son amusement, et que si, dans l'intérêt du bon ordre et de la sûreté, l'on est forcé de prendre des précautions, c'est ici le cas plus qu'ailleurs, de savoir allier la modération et l'honnêteté à la fermeté qui leur est recommandée dans l'exécution de leurs consignes, évitant, par ce moyen, les contestations qui sont souvent la suite d'un mouvement trop brusque.

Lorsque le service du théâtre est fini et que le défilé ne rend plus le service de la Gendarmerie nécessaire, le chef de poste doit faire relever les factionnaires, compter la garde, la renvoyer à ses casernes, par patrouille, et avec un itinéraire signé par lui.

Les gardes de 24 heures établies à différens théâtres ne devront, sous aucun prétexte, s'éloigner de leur poste; cependant, si on n'apportait pas à manger des casernes aux gendarmes qui les composent, ils pourraient aller prendre leurs repas aux environs du théâtre, mais le plus près possible, et de manière à ce qu'il reste toujours la moitié du poste.

Les gendarmes doivent, dans les établissemens publics, où, pour le cas ci-dessus, ils vont prendre leur repas, manger seuls et sans admettre avec eux aucun bourgeois ou militaire qui n'est pas de service.

Ils doivent également un rapport direct au colonel, des événemens qui arrivent pendant le cours de leur garde.

JARDINS ET ÉTABLISSEMENS PUBLICS.

Dans les jardins et autres établissemens publics, bien que les gendarmes y soient de service à la demande des chefs de ces établissemens, ils ne sont pas sous leurs ordres; ils ne doivent obéir qu'à ceux du chef qui les commande; et, lorsqu'ils en sont éloignés pour leur service et qu'ils opèrent quelqu'arrestation, ils doivent conduire les prévenus devant lui, qui seul doit donner la direction voulue par les réglemens de police aux délinquans.

Si un chef d'établissement public demandait à la Gendarmerie un service autre que celui du maintien du bon ordre, elle ne devrait pas y obtempérer, devant se renfermer exactement dans ses fonctions, les remplir avec calme et fermeté, et surtout éviter tout ce qui pourrait provoquer des individus échauffés par la boisson à lui manquer d'égards et par conséquent à l'obliger d'employer des moyens de répression auxquels on n'aurait point eu besoin de recourir, si on avait agi plus prudemment.

Les gendarmes ne doivent ni boire ni manger, dans ce service, avec aucun bourgeois, et, s'ils ont besoin de prendre quelques rafraîchissemens, ils doivent être seuls et ne le faire qu'avec l'autorisation de leurs chefs.

Ils doivent également éviter de lier conversation avec des personnes étrangères à l'arme; c'est un moyen d'en imposer davantage et de se faire respecter.

BAINS PUBLICS.

Ce qui vient d'être dit pour tous les établissemens, convient également aux bains publics; les gendarmes y sont envoyés de planton pour le maintien de l'ordre et la décence, et pour veiller à ce qu'il soit de suite porté secours aux personnes qui seraient en danger de se noyer. Ils ne doivent point quitter leur poste ni aller boire avec qui que ce soit, car, en manquant à leur service, ils se compromettent eux-mêmes et font tort à l'arme dans laquelle ils servent, étant plus en évidence, et, ordinairement seuls, ils doivent s'observer davantage.

PATROUILLES D'INFANTERIE OU DE CAVALERIE.

Les patrouilles doivent toujours être faites au pas ordinaire et sans causer ; il ne suffit pas de suivre exactement l'itinéraire qui est tracé, il faut encore que les patrouilles s'arrêtent de temps à autre, surtout au coin des rues, à l'entrée des culs-de-sac, enfin dans les enfoncemens et dans tous les endroits qui les mettent à même d'écouter et de pouvoir entendre ce qui se passe, afin de pouvoir surprendre les malfaiteurs en flagrant délit.

Les patrouilles doivent, non-seulement arrêter les individus suspects ou pris en flagrant délit, mais encore elles doivent constater les contraventions, arrêter aussi les rôdeurs et porteurs de paquets à heure indue, ainsi que ceux qui feraient la nuit des déménagemens, enfin, surveiller tous les délits et contraventions de police.

Les individus arrêtés par les patrouilles doivent être déposés dans le poste le plus voisin, mis à la garde du chef de poste qui doit en donner reçu, et, le lendemain, ils doivent être repris par les gendarmes qui ont opéré l'arrestation, et conduits, avec un rapport ou procès-verbal, chez le commissaire de police du quartier.

GARDES MONTANTES ET DESCENDANTES.

Les gardes montantes doivent toujours se rendre en ordre à leur poste; aucun sous-officier ou gendarme ne peut s'en détacher, lors même qu'il pourrait être arrivé au poste aussitôt que la garde, sans en avoir obtenu, avant de sortir de la caserne, la permission spéciale, laquelle doit être communiquée au commandant du détachement par celui qui l'a donnée.

L'infanterie doit aller un bon pas, sans trop précipiter sa marche.

La cavalerie doit toujours aller au pas.

Il en est de même de la garde descendante, à qui cet article convient en entier.

Les commandans des détachemens doivent faire la plus grande attention lorsqu'ils passent devant un poste ou une troupe armée, afin de rendre les honneurs militaires prescrits par les réglemens, de même qu'ils doivent rendre compte, soit sur les feuilles de service, pour les gardes montantes, soit par des rapports particuliers au colonel, pour les détachemens, de la négligence que l'on aurait mise à leur rendre lesdits honneurs.

ORDONNANCES.

Les gendarmes à cheval qui sont envoyés en ordonnance, soit des casernes, soit des différens postes où ils sont de service, doivent porter les dépêches dont ils sont chargés avec exactitude et sans s'arrêter; cependant il leur est expressément défendu d'aller au galop, dans aucun cas, ni même au grand trot, surtout dans les rues étroites ou très-populeuses.

Les chefs de poste doivent veiller à ce que les gendarmes mettent leurs dépêches dans les porte-feuilles destinés à cet effet.

ESCORTES DU ROI.

Le service pour les escortes ordinaires du Roi, lorsqu'il sort de Paris ou lorsqu'il y rentre, est fourni par le poste de la préfecture de police, dont l'officier commandant détache, à chaque fois, trois gendarmes, qui doivent précéder le cortége du Roi, et suivre l'itinéraire prescrit, étant à la distance de cinquante pas les uns des autres et veillant avec soin à ce qu'il ne se trouve aucun obstacle ni embarras dans les rues, qui puissent entraver ou compromettre la circulation et le passage des voitures de Sa Majesté.

Les gendarmes doivent aussi mettre la plus grande attention à éviter de heurter les passans avec leurs chevaux, et toute espèce d'accidens qui pourraient en résulter.

Incendies.

Lorsque la Gendarmerie est prévenue qu'un incendie s'est manifesté, elle doit s'y transporter de suite et exécuter d'abord ce qui a été dit à l'article *des postes;* mais elle a encore d'autres devoirs à remplir, le maintien du bon ordre lui est spécialement confié, et les gendarmes doivent se pénétrer de ce qui va être expliqué à ce sujet.

D'abord, le commandant du détachement doit faire prévenir le commissaire de police du quartier, auquel sont confiées certaines mesures de police qui sont plus particulièrement de son ressort, telles, surtout, que de faire ouvrir des portes, des communications, etc., etc.

Cependant, s'il y avait péril pour des individus, ou la crainte de voir le feu faire des progrès assez prompts pour consumer les habitations ou des objets voisins de l'incendie, alors le chef du détachement, en attendant le commissaire de police et en l'absence d'autres autorités, *ordonne et fait exécuter les mesures d'urgence* qu'il croit nécessaires, ainsi qu'il y est autorisé par l'ordonnance du Roi du 29 octobre 1820, art. 190; mais il doit le faire avec circonspection et autant seulement que le danger est pressant.

Les gendarmes doivent requérir les habitans de prêter des secours, soit pour former la chaîne et passer des seaux de main en main, soit pour apporter de l'eau.

Ils doivent également maintenir l'ordre public, veiller à ce qu'il n'entre dans la maison où est l'incendie que les personnes appelées par état ou mues par un zèle véritable, empêcher d'enlever la moindre chose sans l'autorisation du maître de la maison, de l'établissement ou de l'autorité; enfin, par leur vigilance, ils doivent prévenir tous les vols qui sont trop souvent la suite des incendies.

Bien que l'autorité soit chargée de prendre des informations sur les causes d'un incendie, le chef du détachement doit également, de son côté, rechercher tous les renseignemens qui peuvent éclairer la justice; il doit en faire son rapport au colonel et lui indiquer le nom du propriétaire incendié, la rue et le numéro de la maison, et l'évaluation présumée des pertes qu'il a éprouvées, s'il peut l'obtenir.

Il doit également prendre tous les renseignemens possibles, s'il quelqu'un avait péri, sur le nombre, les noms, prénoms et demeure des individus qui auraient péri.

Indépendamment de ce qui a été dit à l'article *des postes*, au sujet des dispositions à prendre pour les incendies, on recommande l'observation des dispositions suivantes :

Aussitôt qu'une patrouille ou un poste a eu connaissance d'un incendie, le chef doit en informer le commandant de la caserne de Gendarmerie la plus voisine, qui y envoie les piquets le plus promptement possible, et, plus tard, tous les hommes disponibles de la caserne, si l'importance de l'incendie le réclame, ce dont l'officier ou le sous-officier commandant le premier détachement rendu à l'incendie doit donner avis, en même temps qu'au colonel, par ordonnance.

Les commandans des casernes éloignées du lieu où est l'incendie, lorsqu'ils ont la certitude que la caserne la plus rapprochée est prevenue à temps et y a envoyé du monde, ne doivent faire marcher les piquets et, à plus forte raison, les masses, que d'après l'ordre du colonel, qui, averti à temps, peut seul juger de la nécessité d'envoyer une plus grande force à un grand éloignement, les mêmes accidens, ou d'autres aussi urgens, pouvant nécessiter la présence de la Gendarmerie dans les quartiers qu'elle occupe.

A cet effet, les commandans des détachemens rendus sur les lieux, doivent informer, le plus exactement possible, le colonel du caractère et du danger de l'incendie, afin qu'il puisse donner des ordres en conséquence.

PROCÈS-VERBAUX.

Les procès-verbaux doivent être faits clairement et le plus succinctement possible; ils doivent toujours être commencés par *la date, le mois et l'année*, ensuite les noms et prénoms des militaires de la Gendarmerie qui ont opéré; on doit également dire si l'on a été appelé à agir par l'autorité, à la réquisition d'un chef de famille ou d'établissement, ou par la clameur publique, ou enfin, si les procès-verbaux d'arrestation ou de contravention ont eu lieu en vertu des devoirs habituels de la Gendarmerie pour le maintien de l'ordre public.

Après avoir expliqué clairement tous les faits, on doit dire, s'il s'agit d'une arrestation, ce qu'est devenu l'individu arrêté, devant qui il a été conduit, s'il a été relâché ou conservé par l'autorité.

On doit terminer les procès-verbaux par ces mots : *Et avons clos le présent procès-verbal lesdits jour, mois et an que dessus, et avons signé.*

Les mots rayés doivent être comptés et *déclarés* nuls, ceux surchargés ou ajoutés *déclarés* bons, et en indiquer le nombre.

L'analyse doit toujours être mise en marge d'un procès-verbal et même d'un rapport; le procès-verbal doit être soumis, dans les postes, au chef qui y commande, qui doit y mettre son visa, après s'être assuré qu'il contient la vérité et qu'il n'y a aucun vice de forme qui pourrait le rendre nul; dans les casernes, il doit être soumis, par le même motif, à MM. les officiers de semaine.

Les procès-verbaux ont lieu,

1°. Pour les arrestations faites spontanément, ou en vertu de mandats d'amener ou de réquisitoires;

2°. En vertu de signalemens.

Les procès-verbaux contre les déserteurs arrêtés doivent être faits en triple expédition, dont une accompagne le prévenu et les deux autres sont remises au conseil d'administration du corps.

Il en est de même pour ceux rédigés après l'arrestation de forçats échappés des bagnes.

Les recherches spéciales faites en vertu de signalemens, bien qu'elles aient été infructueuses, doivent être constatées par un procès-verbal *négatif* dans lequel on relate les motifs qui ont empêché le succès.

Les procès-verbaux pour les autres arrestations se font en double expédition; l'une suit l'individu arrêté et l'autre est envoyée au colonel.

Il en est de même des procès-verbaux de saisie de marchandises prohibées, passées en fraude, ou pour les effets trouvés.

Un seul est nécessaire pour les contraventions.

Ceux faits à l'occasion d'individus trouvés assassinés, suicidés, noyés, ou enfin trouvés morts sur la voie publique, doivent contenir le signalement, autant que possible, des cadavres, désigner les vêtemens, les marques du linge et les objets trouvés sur eux; on ne doit rien négliger de ce qui peut les faire reconnaître.

Lorsque plusieurs gendarmes sont désignés dans un procès-verbal comme ayant opéré, ils doivent tous le signer, sans quoi il serait nul. Cette formalité essentielle et trop souvent négligée doit fixer l'attention de ceux qui visent les procès-verbaux, lesquels sont responsables des inexactitudes et des irrégularités évidentes que présenterait le procès-verbal.

Les procès-verbaux rédigés pour des contraventions qui auraient eu lieu hors Paris, c'est-à-dire sur une commune environnante, doivent être visés en débet par le receveur de l'enregistrement du chef-lieu du canton, et ensuite envoyés au juge de paix du même canton. La copie envoyée au colonel n'a pas besoin d'être revêtue de cette formalité, n'étant pour lui qu'un simple rapport.

Toutes les fois que la Gendarmerie est requise pour une opération quelconque, elle en dresse un procès-verbal, même en cas de non réussite, pour constater son transport et ses recherches. Elle doit également dresser procès-verbal de toutes les déclarations et plaintes qui lui seraient faites, dans l'exercice de ses fonctions, concernant des crimes, délits ou événemens majeurs intéressant l'ordre et la sécurité publique.

(Voir à la fin différens modèles de procès-verbaux).

DISPOSITIONS GÉNÉRALES.

La Gendarmerie doit se faire distinguer par sa tenue, comme par sa conduite.

Les Gendarmes, outre les honneurs militaires qu'ils doivent aux officiers de tous les corps, lorsqu'ils sont en faction, doivent encore, quoique n'étant pas de service et lorsqu'ils passent dans les rues auprès de ces officiers, les saluer; on ne saurait trop leur faire cette recommandation, et leur rappeler qu'étant un corps d'élite, ils doivent l'exemple de la subordination et de l'honnêteté.

Ils ne doivent jamais appeler les sous-officiers qui les commandent autrement que par le grade qui les distingue, et jamais par le nom de *monsieur*, qui ne peut exister entre un militaire et son supérieur.

Aprés l'heure prescrite, les sous-officiers et gendarmes ne doivent pas être rencontrés dans les rues en bonnet de police et veste d'écurie; ils ne peuvent sortir ainsi qu'avec une permission expresse de leur capitaine ou du lieutenant de semaine, qui seul peut juger de la nécessité où ils pourraient être de conserver plus tard cette tenue.

Les gendarmes se rendent coupables d'une faute très-grave, lorsqu'ils entrent dans une maison de jeu, autrement que pour leur service.

Étant revêtus de leur uniforme, ils doivent s'abstenir de donner le bras, dans les rues, à une femme.

Ils aggravent leur faute, lorsqu'ils la commettent revêtus de leur uniforme, parce que, comme il a été dit, ils sont toujours réputés de service et qu'ils déconsidèrent l'arme.

Les fautes commises en habit bourgeois entraînent, outre la punition pour ces fautes, la privation plus ou moins longue de cet habillement.

FAUTES CONTRE LA DISCIPLINE.

1°. Tout défaut d'obéissance; *(Il peut devenir délit.)*

2°. Tout murmure, mauvais propos et signe de mécontentement envers ses supérieurs, tout manquement au respect qui leur est dû;

3°. Toute négligence de la part des chefs à punir les fautes de leurs subordonnés et à en rendre compte à leurs supérieurs.

4°. Toute violations de punitions de discipline ;

5°. Tout dérèglement de conduite, la passion du jeu et l'habitude de contracter des dettes ;

6°. Les querelles, soit entre les militaires du corps, soit avec d'autres militaires ou des habitans,

7°. L'ivresse, soit qu'elle trouble ou non l'ordre public ;

8°. Le manquement aux appels et toute absence non autorisée ;

9°. Toute contravention aux réglemens sur la police, la discipline et sur les différentes parties du service ;

10°. Enfin tout ce qui, dans la conduite ou la vie habituelle du militaire, s'écarte de la règle, de l'ordre, de l'esprit d'obéissance et de la déférence que le subordonné doit à ses chefs. *(Article 254 de l'ordonnance du 29 octobre 1820.)*

Il est expressément défendu aux gendarmes à cheval de frapper leurs chevaux avec colère, et de manière à les blesser et en diminuer la valeur.

Les militaires de tout grade qui composent le corps, ont mérité l'honneur d'y être admis par des services distingués, des témoignages avantageux sur leur dévoûment au Roi et à son auguste Famille, et par leur bonne conduite dans les corps dont ils faisaient précédemment partie ; ils auront donc toujours la volonté de bien faire, et, pour y mieux parvenir, ils s'efforceront d'acquérir les connaissances et les qualités indispensables dans les fonctions importantes qui leur sont confiées.

Les gendarmes de Paris doivent être toujours calmes, mesurés, prudens, maîtres d'eux-mêmes, et savoir allier à la fermeté et à la vigueur, l'honnêteté et la modération, suivant les circonstances variées dans lesquelles ils peuvent se trouver. En devenant la terreur des mauvais sujets et des malveillans, les gendarmes doivent en même-temps être l'appui et la sauve-garde des citoyens paisibles.

Les gendarmes doivent se garder d'abuser de leur force et de l'autorité inhérente à leurs fonctions, évitant les vexations, les propos durs et déplacés, les formes acerbes, les actes oppressifs et les humiliations, qui ne seraient propres qu'à aliéner les esprits et à affaiblir la considération et la confiance que la Gendarmerie doit inspirer par son institution.

Les gendarmes surveillent, parlent, agissent au nom du Roi, et pour le maintien des lois et ordonnances. Cette considération, toujours présente à leur pensée, leur recommande assez qu'ils doivent joindre à la fermeté nécessaire pour l'exécution de leurs consignes, l'aplomb, la dignité, la décence et l'humanité bien propres à ramener les citoyens à l'obéissance; ils doivent aussi, dans les lieux et établissemens publics où ils sont chargés du maintien de l'ordre, savoir concilier les mesures de police avec les égards dus au rang que les personnes qui s'y rendent paraissent occuper dans la société.

Tous les militaires du corps doivent enfin, suivant leur grade et leur emploi, mettre la plus grande attention dans leurs relations de service avec les commissaires de police, officiers de paix et autres préposés de la police civile et militaire, déférant exactement aux réquisitions régulières qui leur seraient faites en tout ce qui ne serait pas contraire aux ordres particuliers et instructions qu'ils pourraient avoir reçus de leurs chefs.

Lorsque les gendarmes à cheval sont, par leur service, obligés d'avoir le sabre à la main, ils doivent éviter de l'agiter de manière à s'exposer à quelques accidens, et à effrayer les porsonnes à pied ou en voiture auxquelles ils ont à notifier l'exécution de leurs consignes.

MODÈLES DE PROCÈS-VERBAUX.

Procès-verbal de flagrant délit.

Cejourd'hui (*la date, le mois et l'année*), heure de ... nous (*les noms, prénoms et grades*), gendarmes de la Gendarmerie royale de Paris, passant (*désigner la rue et si l'on était de service*), nous avons appris par la clameur publique (*ou désigner qu'on a aperçu l'individu et dire ce qu'il faisait*), qu'un (*crime ou délit*) venait d'être commis; qu'un individu (*dire s'il était présent ou s'il fuyait*) que l'on nous a désigné en était l'auteur. Nous nous sommes assurés de sa personne (*ou nous nous sommes mis à sa poursuite et après l'avoir atteint*), avons ensuite procédé à constater les faits; nous avons en conséquence, remarqué (*dire si l'individu avait des armes, si elles étaient ensanglantées, s'il avait des marques de sang sur son corps ou sur ses vêtemens, désigner les armes, constater le crime ou le délit avec tous les détails possibles*); après quoi, nous avons conduit devant M. le commissaire de police (*le désigner*) l'individu saisi, lequel nous a déclaré s'appeler (*les noms, prénoms, âge, état et domicile*), et après lui avoir remis la personne dudit (*répéter les noms, etc., du prévenu*) ainsi que les pièces de conviction (*détailler les pièces et le nombre*) et avoir indiqué à M. le commissaire, pour témoins, les sieurs (*désigner les noms et demeures des témoins*), avons clos le présent procès-verbal pour lui être remis, et dont un extrait sera envoyé à M.... notre colonel.

Fait et clos à ... les jour, mois et an que dessus, et avons signé.

Procès-verbal d'arrestation d'un déserteur.

Cejourd'hui (*désigner la date, le mois et l'année*), heure de ... nous ... gendarmes (*comme ci-dessus*) avons aperçu un individu (*dire s'il a été désigné par un signalement donné par les chefs, ou s'il a été dénoncé aux gendarmes comme déserteur*), nous nous sommes approchés de lui, et, l'ayant reconnu pour être celui qui nous a été signalé, lui avons demandé l'exhibition de ses papiers et s'il était porteur d'un congé de libération du service militaire; ses réponses nous ayant convaincu qu'il était déserteur, nous nous sommes assuré de sa personne, et, après l'avoir conduit à notre caserne, l'avons interrogé ainsi qu'il suit :

Quels sont vos noms, prénoms, âge, lieu de naissance, et votre état avant votre entrée au service?

Dans quel régiment serviez-vous et à quelle époque l'avez-vous quitté?

Quel sont les motifs de votre désertion?

Avez-vous emporté des armes ou effets appartenant à votre régiment?

Qu'êtes-vous devenu depuis que vous avez quitté

votre régiment, et quels ont été vos moyens d'existence?

(*Mettre à la suite de chaque demande la réponse.*)

Les réponses dudit (*répéter le nom du déserteur*), nous ayant convaincu qu'il était réellement le déserteur qui nous était signalé, l'avons conduit et écroué à la prison militaire de l'Abbaye, et avons clos le présent procès-verbal, pour être remis à l'état-major de la place et un extrait à notre colonel, lesdits jour, mois et an que dessus, et avons signé.

Nota. S'il était question d'un militaire échappé des travaux publics, on pourrait se servir, en partie, de ce procès-verbal, et lui adresser plusieurs des mêmes questions.

Si le déserteur avait été arrêté chez lui, en vertu d'un signalement, on dirait : Nous nous sommes transportés (*si l'on était accompagné du commissaire de police, on l'indiquerait*) chez le sieur ... (*désigner si c'est un logeur ou dans un atelier*) lui avons demandé s'il avait chez lui le nommé (*désigner le prévenu*), et, sur sa réponse affirmative, l'avons invité à le remettre. (*Si c'était au domicile du déserteur, ou chez ses parens, indiquer ce qui s'y est passé.*)

Procès-verbal d'arrestation d'un condamne aux fers.

Cejourd'hui, etc. (*commencer comme le procès-*

verbal ci-dessus) .... lequel ayant été condamné aux fers et y ayant été conduit, ne nous a pas justifié qu'il était porteur d'un acte légal constatant sa sortie du bagne et l'expiration de sa peine ; nous l'avons, en conséquence, saisi et arrêté au nom du Roi, et l'avons conduit devant M. le commissaire de police (*le désigner*), pour qu'il soit pris les mesures convenables à l'effet de le reconduire au bagne d'où il s'est évadé.

Fait et clos, etc.

Nota. Si c'était un évadé des prisons, on suivrait la même formule, avec les légers changemens que les circonstances et la nature de la peine nécessiteraient.

Procès-verbal pour les cas d'émeute ou de rassemblemens populaires.

Cejourd'hui, etc. (*s'il n'y a que peu de gendarmes, trois ou quatre, désigner les noms et prénoms. Si c'est un détachement, les noms, prénoms et grade du commandant*). D'après les ordres que nous avons reçus (*désigner si c'est par ses chefs, réquisitoire d'une autorité*) ou, nous nous sommes transporté, accompagné d'un détachement fort de (*dire le nombre et l'endroit*) où, étant arrivés, nous avons vu une réunion d'individus (*désigner à peu près le nombre et dire s'ils étaient armés ou en partie, et de quelles armes*) ; nous y avons aussi trouvé M. le commissaire de police (*désigner de quel quartier; si c'était une autre autorité on la désignerait également*) à notre arrivée, (*dire si la Gendarmerie a été insultée, s'il y a eu des voies de fait et les détailler*) : alors, M. le commissaire de police a prononcé à haute voix, ces mots : « *obéissance à la loi*, que les bons citoyens se retirent, on va faire usage des armes. » (*Si le rassemblement s'est dissipé, on le dira; dans le cas contraire, on poursuivra ainsi*) Après la troisième sommation, les mutins n'ayant pas voulu se retirer, M. le commissaire nous a requis de dissiper cet attroupement par la force; nous avons, en conséquence, (*détailler ici les moyens que l'on a employés pour dissiper les mutins, dire s'il y en a eu de blessés et si les gendarmes l'ont été eux-mêmes*); l'attroupement ainsi dissipé, nous avons invité M. le commissaire de police à se transporter sur les lieux pour constater les faits et leurs circonstances, lui avons remis les nommés (*les noms et prénoms des individus que l'on aurait arrêtés*) et avons ensuite clos notre procès-verbal, qui sera remis à M. le procureur du Roi et un extrait à notre colonel.

Fait à Paris, les, etc... Et avons signé.

Nota. S'il n'y avait pas d'autorité civile, le commandant du détachement, avant d'employer la force, ferait les trois sommations ci-dessus indiquées, ce qui ferait quelques légers changemens au procès-verbal.

On devra aussi indiquer s'il y a eu des troupes

auxiliaires, telles que la Garde nationale ou la troupe de ligne.

Formule ordinaire pour tous procès-verbaux, soit de délits, soit de contraventions.

Cejourd'hui (*la date, le mois et l'année*), heure de (*désigner l'heure et si c'est le matin ou le soir*) nous (*les noms, prénoms et grades*), faisant patrouille par ordre de nos chefs et passant dans la rue de (*l'indiquer*) ou (*on est venu nous requérir à notre poste à l'effet de nous transporter; enfin on expliquera, si l'on a été requis par une autorité ou un chef de maison, on fera mention des faits et on terminera ainsi, après avoir dit où ont été conduits et déposés les prévenus, s'il y en a d'arrêtés*), de tous les faits ci-dessus (*ou des contraventions ci-dessus indiquées*), avons rédigé le présent procès-verbal, que nous avons clos lesdits jour, etc.. et avons signé.

FIN.

TABLE
DES MATIÈRES.

FIN DE LA TABLE.

www.ingramcontent.com/pod-product-compliance
Ingram Content Group UK Ltd.
Pitfield, Milton Keynes, MK11 3LW, UK
UKHW020448180726
13839UKWH00004B/1699

9 782329 579856